【ビジュアル入門】
ラグビーがわかる本

Senior editor Satu Hämeenaho-Fox
Senior art editor Fiona Macdonald
Design assistant Xiao Lin
Project art editors Jaileen Kaur, Nehal Verma
DTP designer Syed Mohammad Farhan
Sr DTP designers Jagtar Singh, Dheeraj Singh
Jacket designer Osamu Hasegawa
Managing editor Laura Gilbert
Managing art editor Diane Peyton Jones
Senior producer Tony Phipps
Picture researcher Aditya Katyal
Creative director Helen Senior
Publisher Sarah Larter

Original Title: Rugby

Copyright © 2019 Dorling Kindersley Limited
A Penguin Random House Company

Japanese translation rights arranged with
Dorling Kindersley Limited, London
through Fortuna Co., Ltd. Tokyo.

For sale in Japanese territory only.

All rights reserved.
No part of this publication may be reproduced,
stored in or introduced into a retrieval system,
or transmitted, in any form, or by any means
(electronic, mechanical, photocopying,
recording, or otherwise), without the prior
written permission of the copyright owner.

Printed and bound in Japan

A WORLD OF IDEAS:
SEE ALL THERE IS TO KNOW

www.dk.com

翻訳協力	株式会社トランネット
編集担当	瀧澤能章

【ビジュアル入門】ラグビーがわかる本
2019年8月15日　第1刷発行

編著	DK社（ディーケーしゃ）
訳	髙橋功一（たかはしこういち）
発行者	千石雅仁
発行所	東京書籍株式会社
	〒114-8524　東京都北区堀船2-17-1
電話	03-5390-7531（営業）
	03-5390-7505（編集）
印刷・製本	株式会社リーブルテック

Japanese Text Copyright © 2019 by Tokyo Shoseki Co., Ltd.
All right reserved. Printed in Japan.
ISBN 978-4-487-81259-2　C2075

※本書に掲載した情報は、2019年3月現在のものです。
乱丁・落丁の場合はお取り替えいたします。

ようこそ！

本書には、シックス・ネーションズからワールドカップまで、あらゆるラグビーの情報が満載。タグラグビー、タッチラグビーやスノーラグビーなど、様々な種類のラグビーを紹介し、重要な知識や興味深いデータ、有名選手を取り上げ、さらに新旧の伝説的プレーヤーを通して、誕生から現在に至る歴史を知ることができる、まさにラグビーのすべてがわかるガイドブックだ！

目次

基礎知識
- ラグビーとは? ... 4-5
- 試合に勝つ ... 6-7
- ラグビーの歴史 ... 8-9
- ラグビーの種類：ユニオンとリーグ ... 10-11
- ラグビーの種類：ウィルチェアー、ビーチ、スノー、セブンズ ... 12-13
- ラグビーの種類：タグ、タッチ、ミニ ... 14-15
- 競技規則 ... 16-17

ポジションとルール
- フッカーとプロップ ... 18-19
- ロック、フランカー、ナンバーエイト ... 20-21
- スクラムハーフ、スタンドオフ（フライハーフ）... 22-23
- センター、フルバック、ウィング ... 24-25
- 伝説のプレーヤーたち ... 26-27

プレーの基本
- パスの仕方 ... 28-29
- ボールのキャッチの仕方、持ち方、運び方 ... 30-31
- 様々な局面でのプレー：スクラム、モール、ラック、ラインアウト ... 32-33
- ペナルティキック：タップキック、ゴールキック、タッチキック ... 34-35
- 伝説のプレーヤーたち ... 36-37

国際ラグビー
- ワールドカップの歴史 ... 38-39
- 2019 日本大会 ... 40-41
- 数字で見るワールドカップ ... 42-43
- シックス・ネーションズ ... 44-45
- 注目選手 ... 46-53
- 伝説の代表チーム ... 54-55
- 歴史の残る名勝負 ... 56-57

- 優勝チーム一覧 ... 58-59
- 用語集 ... 60-61
- 索引 ... 62-63
- 謝辞 ... 64

ラグビーとは？

ラグビーはおよそ200年続くチームスポーツだ。ゲームには様々な形態があり、それぞれ少しずつ異なっている。最初は、ラグビーとはどんなスポーツなのか紹介しよう。

ゲームの目的

ラグビーでは、ゲームの目的は常に変わらない。すなわちボールを使い、相手より多くの得点をあげることだ。

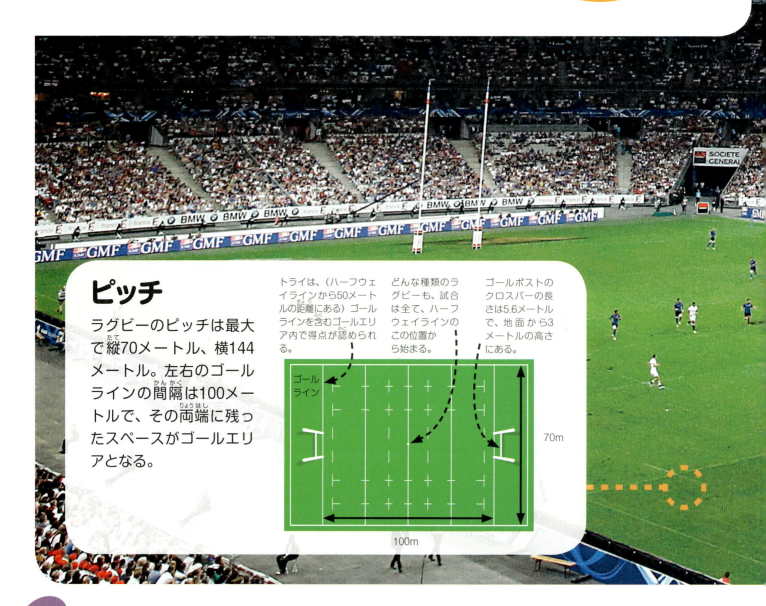

ピッチ

ラグビーのピッチは最大で縦70メートル、横144メートル。左右のゴールラインの間隔は100メートルで、その両端に残ったスペースがゴールエリアとなる。

トライは、（ハーフウェイラインから50メートルの距離にある）ゴールラインを含むゴールエリア内で得点が認められる。

どんな種類のラグビーも、試合は全て、ハーフウェイラインのこの位置から始まる。

ゴールポストのクロスバーの長さは5.6メートルで、地面から3メートルの高さにある。

4

基礎知識

ボール
ラグビーボールは楕円球で、キック、キャリー、パスによって、プレーヤーの手から手へ渡っていく。ボールの形と大きさの違いは17ページを参照。

ラグビー用語

ラインアウト
ボールがフィールドオブプレーからタッチラインを越えて外に出ると、試合を再開するために、（通常、フッカーが）ボールを投げ入れる。

トライ
プレーヤーがゴールラインを含むゴールエリアのグラウンド上にボールをタッチすると、チームに5点が与えられる。

コンバージョン
トライしたチームはゴールキックを狙う。ボールがポストの間、クロスバーの上を通過すれば、2点が与えられる。

オフサイド
ボールがパスされたとき、ボールより前にいるプレーヤーが味方に有利な状況を作りだしてはならない。レフリーはこれをペナルティとし、相手チームにペナルティキックを与える。

ノックオン
ボールは真横もしくは後ろにしかパスできない。ボールを前に落とした場合は、レフリーはそのチームの反則をとる。

試合に勝つ

プレーヤーは相手チームを圧倒し、得点を重ねようと力をつくす。一方、レフリーはルールに反したプレーがないか確認し、もしもそうと認めれば、そのプレーヤーを罰する。

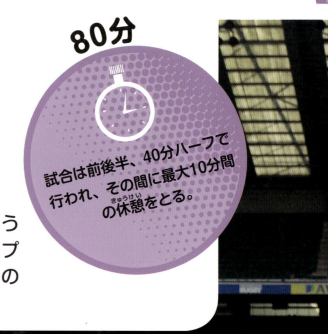

80分
試合は前後半、40分ハーフで行われ、その間に最大10分間の休憩をとる。

キックのスキル

コンバージョン、ドロップゴール、もしくはペナルティキックで得点するためには、ボールを蹴って、ゴールポストの間、クロスバーの上を通過させなければならない。正確なキッキング・スキルが求められる。

基礎知識

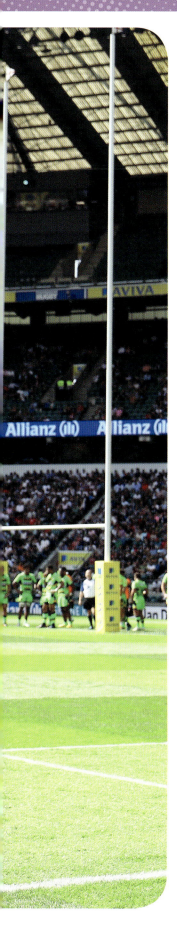

得点

試合に勝つためには、得点が必要だ。プレーヤーがトライ（5点）し、コンバージョン（2点）を決めるか、ペナルティキックまたはドロップゴール（どちらも3点）を成功させると、チームに得点が与えられる。

プレーヤーの交替／入替え

ラグビーユニオンでは、1チームを15人で構成する。さらにプレーヤーの交替／入替えを8人まで認めており、疲労がみられたり怪我をしたりすれば、交替もしくは入替えを行う。

ペナルティ

反則がおこれば、レフリーは相手チームにペナルティを与える。ペナルティには、タッチキック、ゴールキック、スクラム、またはタップキックがあり、チームが選択したいずれかの方法で試合が再開される。

カード

反則によっては、イエローまたはレッドカードが与えられる。イエローカードの対象となったプレーヤーは10分間、ピッチから出なければならない。重い反則に対してはレッドカードが与えられ、プレーヤーは退場処分となり、その試合に参加できなくなる。

ラグビーの歴史

ラグビーには約200年の歴史がある。だが、誰が考え出したのかは定かではない。19世紀の誕生以来、今では数百万人が観戦するプロスポーツに発展した。

ボールを手でひろう

イギリスのウォリックシャーにあるラグビー校。そこで16歳のウィリアム・ウェブ・エリス少年がサッカーのプレー中にボールをひろいあげ、両手で抱えて走ったという。この話の真偽は別として、ワールドカップの勝者に与えられるトロフィーは彼にちなみ、ウェブ・エリス・カップと命名された。

ウィリアム・ウェブ・エリスの肖像

1823

1870

1895

1907

RFU誕生

イングランド・ラグビーユニオンチーム 1871年3月頃

選手のエドウィン・アッシュとベンジャミン・バーンズの二人が、ラグビーには共通のルールが必要だと、『タイムズ』紙上を通じて提案。1年後、21のクラブがロンドンに集結し、イングランドラグビーを統括する競技運営団体、ラグビー・フットボール・ユニオン（RFU）が結成された。

分裂

ヨークシャーとランカシャーの主要クラブが、ハダースフィールドのホテルに集まり、会合を開いた結果、22のクラブがラグビー・フットボール・ユニオンから脱退。新たに北部・ラグビー・フットボール・ユニオン（NRFU）を結成した。

基礎知識

南半球では
1907年、政治家のヘンリー・ホイルが会議を主催。ニューサウスウェールズ・ラグビー・フットボール・リーグを結成し、初代会長に選出された。その後1924年には、クイーンズランド・ラグビー・リーグと共に、新たにオーストラリアン・ラグビー・リーグを立ち上げた。

世界一を決める
最初のワールドカップはニュージーランドとオーストラリアの共催で、16カ国が参加して行われた。初代チャンピオンは開催国のニュージーランド。以後4年ごとに、国際統括機構であるワールドラグビーにより開催されている。

名称変更
北部・ラグビー・フットボール・ユニオンが団体名を変更し、ラグビー・フットボール・リーグとした。

1922　　　　　　　　**1987**

1985　**1999**　**2019**

ワールドカップ
各地域の協会が討議を重ねた結果、世界規模となる、ラグビー最大の競技大会が生まれた。

規模の拡大
ワールドカップの成功により、大会参加国が20カ国に拡大された。

2019日本大会
2019ワールドカップは、日本の12都市で開催される。

ラグビーの種類

ラグビーにはいくつかの種類があり、それぞれ独自のルールを設けている。また、年齢や身体能力によっても競技方法が異なり、さらに芝生から雪面まで様々な環境でプレーされている。

ユニオン

競技人口が300万人以上いる、最も人気の高いプレースタイルだ

ユニオンとリーグのルール

- 相手チームより多くの得点をとる。
- ハーフウェイラインからキックにより試合が開始される。
- 試合時間は80分（40分ハーフの前後半）。
- プレーヤーはボールを持って走るか、蹴るか、パスするかのいずれかを行う。
- プレーヤーはボールを前に投げてはいけない。
- プレーヤーは相手をタックルし、ボールを奪って良い。
- マッチオフィシャル（審判団）がプレーを判定する。
- チームは、トライ、コンバージョン、ゴールキックのいずれかにより得点が認められる。

基礎知識(きそちしき)

リーグ

1895年に独立(どくりつ)したラグビーリーグは、ユニオンに比(くら)べて試合展開(てんかい)がスピーディ。両者にはプレー上、大きな違(ちが)いがある。

ルールの違い

- 15人
- 交替(こうたい)／入替(いれか)えは8人まで
- マッチオフィシャル（審判団(しんぱんだん)）は3人
- タックルに制限(せいげん)なし
- トライは5点
- ラインアウト、ラック、モールあり。詳細は32～33ページ参照

- 13人
- 交替／入替えは4人まで
- マッチオフィシャル（審判団）は4人
- タックルは6回まで
- トライは4点
- ユニオンと違い、ラインアウト、ラック、モールはない

ウィルチェアーラグビー

ウィルチェアーラグビーは、車椅子を使う人たちが屋内で行うラグビーだ。1ピリオド8分、合計4ピリオドで行われるこの競技は、パラリンピックの人気種目のひとつである。試合には、競技用に特別に作られた耐久性の高い車椅子が使用されている。大変激しいスポーツで、「マーダーボール（殺人ボール）」という別名がある。

ビーチラグビー

ビーチラグビーは砂の上で行われ、1チーム5人もしくは7人で構成される。ピッチの大きさはユニオンやリーグラグビーよりも小さく、前後半、各5分または7分で行われる。

スノーラグビー

スノーラグビーのルールはユニオンラグビーとほぼ同じだが、レギンスやベストなど、雪に適した用具を装着しなければならない。特にプレーヤーの保温が不可欠だ。1チーム7人とし、前後半を各2分、5分、あるいは7分で戦う。雪の中で行うため、スピーディでエキサイティングな試合展開が特徴。

基礎知識

セブンズラグビー
ラグビーユニオンの7人制バージョン。試合は前後半、各7分で行われる。オリンピック競技のひとつでもある。

タグラグビー

タグラグビーは5〜7人で、コンタクトプレーがない。試合は前後半、各20分で行われる。プレーヤーは、2本のタグが付いたベルトを装着。ディフェンス側はタックルの代わりに、ボールを持ったプレーヤーのタグを取らなければならない。タグを取られたプレーヤーはボールを地面に置き、足で後ろに転がす。アタック側が続けて6回タグを取られたら攻守交替。ボールは相手チームに渡る。

つかまえた！
相手チームのプレーヤーのタグを奪ったら、「タグ！」と叫ぼう。

基礎知識

タッチラグビー

タッチラグビーは1チーム6人、タックルとキックはなし。前後半とも、グラウンド中央に置かれたボールを足で後方に軽く転がす「タップ」によって開始される。ディフェンス側はタックルする代わりに、ボールを持ったプレーヤーに両手でタッチ。タッチされたプレーヤーはボールを地面に置き、ボールをまたがなければならない。アタック側が6回タッチされると攻守交替。ボールは相手チームに渡る。

ミニラグビー

ミニラグビーは、ラグビーユニオンが13歳以下の子供たちを対象に、ラグビーの普及を目的として考案した簡易ゲームだ。ボールとピッチは、年齢によって異なるが、通常より小さいものを使用する。たとえば7歳以下なら、ピッチは縦30メートル、横60メートル以内となる。チームの人数も5人から13人と様々だ。

競技規則

競技規則とは、その競技を規制し、管理するために作られた一連のルールをさす。レフリーはその全てを理解し、競技が正しく行われているか判断する。

レフリーは、プレーを止めたり再開したりするときに、ホイッスルを吹く。

レフリー

レフリーは試合中、プレーヤーがルールに従ってプレーしているかどうかを判断する責任を負う。

基礎知識

ボールの大きさと重さ

ラグビーボールは楕円球で球状のものよりパスがしやすいという特徴がある。ラグビーユニオンで使用されるボールは、ラグビーリーグのものより細長く、ラグビーリーグの使用球は、ユニオンよりもやや太く、両端が尖っている。

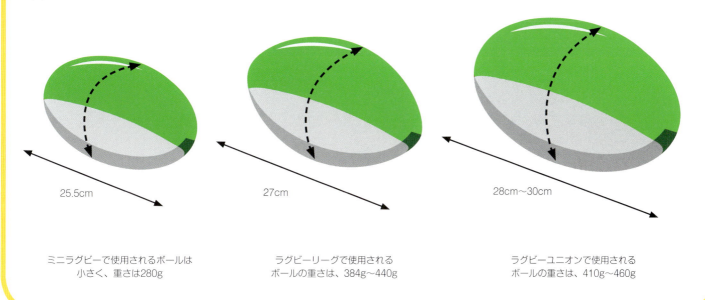

25.5cm　　　　　　　　27cm　　　　　　　　28cm〜30cm

ミニラグビーで使用されるボールは小さく、重さは280g

ラグビーリーグで使用されるボールの重さは、384g〜440g

ラグビーユニオンで使用されるボールの重さは、410g〜460g

用具に関する規則

- プレーヤーは全員、チームのユニフォームを着用する。
- 歯を保護するために、マウスピースを着用してもよい。
- 女性は、胸当てパッドとロングタイツを着用してもよい。
- 鋭い形状をしたものは他のプレーヤーを傷つける可能性があるため、着用できない。
- スパイクはスタッド付きのものとし、ラックやモールで踏まれても足が保護できるよう、サッカーシューズよりも頑丈なものとする。
- ヘッドギアの着用を推奨する。
- 肩当ておよび薄手の補助具を着用してもよい。
- 指先を切ったグローブであれば着用してもよい。

注意事項

以下は、ラグビーをプレーする際に覚えておかなければならない重要事項である。

- **タックル**：空中にあり、両足が地面についていない相手チームのプレーヤーに、タックルしてはならない。
- **パス**：プレーヤーは、ボールをパスしたり、キックしたり、あるいは手で持って走ったりできる。前方へのパスは認められない。
- **反則**：他のプレーヤーに対し、敵意をむき出しにし、故意に害を及ぼすような行為は許されない。

ポジションとその役割

ラグビーユニオンでは、1チーム15人で試合を行う。そのうち8人がフォワード、7人がバックスである。全てのポジションには異なった役割があり、それに適した体型や身体的特徴がある。

ポジションを選択する

試合を行う前に、どのポジションでプレーしたいのかを決めなければならない。それぞれのポジションを体験し、どれが一番自分に合っているか探してみよう。

フォワード

フォワードには、プロップ、フッカー、ロック、フランカー、ナンバーエイトがある。大きくて重いのが特徴だ。背番号は1から8まで。

バックス

バックスには、スクラムハーフ、スタンドオフ（フライハーフ）、ウィング、センター、フルバックがある。フォワードに比べて小さいが、足が速いのが特徴だ。背番号は9から15まで。

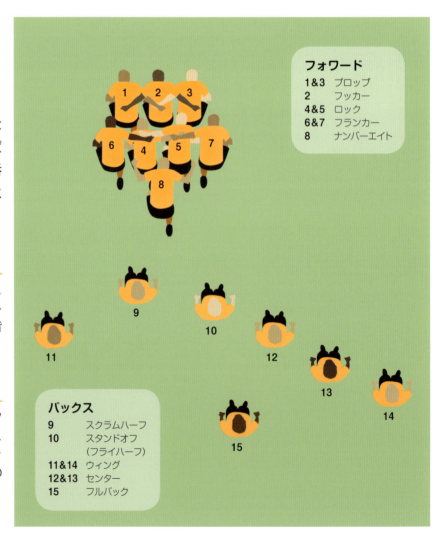

フォワード
1&3　プロップ
2　　フッカー
4&5　ロック
6&7　フランカー
8　　ナンバーエイト

バックス
9　　　スクラムハーフ
10　　 スタンドオフ
　　　 （フライハーフ）
11&14　ウィング
12&13　センター
15　　 フルバック

ポジションとルール

フッカー

フッカーが着ているのは、背番号2のジャージーだ。スクラムでは最前列に位置し、「フッキング」と言い、ボールを足で掻(か)いて後ろの味方に送るのが役目である。

- 敏捷性(びんしょうせい)：スクラム、ラック、モールでプレッシャーを受けても、球出しがスムーズにできるようサポートする。

- ハンドリング：敵(てき)のゴールラインめがけ、ボールを持って前進する。

- 正確(せいかく)さ：ラインアウトにボールを投げ入れる。ボールがタッチラインを越(こ)えて外に出ると、このラインアウトから試合が再開(さいかい)される。

アグスティン・クレービー

2005年のテストマッチで代表デビュー。2011年および2015年には、アルゼンチン代表としてワールドカップに出場した。

マナサ・サウロ

このとてつもなくパワフルな代表プレーヤーは、2015年、2017年、2018年のパシフィック・ネーションズカップで、母国フィジーの優勝(ゆうしょう)に大きく貢献(こうけん)した。

プロップ

チームにはふたりのプロップがいて、ジャージーの背番号はそれぞれ1と3だ。通常(つうじょう)、チームで最も強いプレーヤーで、ディフェンスとアタックをサポートする。

- 強靭(きょうじん)さ：ラインアウトではロックを持ち上げ、スクラムでは相手を圧倒(あっとう)する。

- ハンドリング：チームのためにボールを前に運ぶ。

- タックル：相手チームのアタックを阻止(そし)し、ボールを奪(うば)い返す。

19

ロック

チームにはふたりのロックがいて、ジャージーの背番号はそれぞれ、4と5だ。通常、チームで最も背が高くパワーのあるプレーヤーで、チームのエンジンルームとして知られる。

- **強靭さ**：スクラム、ラック、モールで優位に立ち、チームの勝利に貢献する。
- **キャッチング**：ラインアウトでボールを確保する。
- **タックル**：相手チームのアタックを阻止し、ボールを奪い返す。

マロ・イトジェ

イトジェは、2016年のシックス・ネーションズでは、イングランドの優勝に大いに力を尽くし、2017年のブリティッシュ・アンド・アイリッシュ・ライオンズでも、中心的役割を果たした。

ポジションとルール

マイケル・フーパー

2013年と2016年にオーストラリア最優秀選手に輝く。2017年にはオーストラリア代表チームのキャプテンも務めた。

フランカー

チームにはふたりのフランカーがいて、ジャージーの背番号はそれぞれ、6と7だ。ラックが形成されると、そこに誰よりも早く駆けつけ、ボールの争奪戦に加わる。

- **フィットネス**：試合中ずっと、ボールを確保するために動き回るので、かなりのスタミナが必要。

- **強靭さ**：ラック、モール、スクラムで、味方をサポートする。

- **タックル**：相手チームのアタックを阻止し、ボールを奪い返す。

ナンバーエイト

名前の通り、ナンバーエイトが着るジャージーの背番号は8だ。敵のディフェンス網を突破し、ボールを前進させる一方で、味方のディフェンスをサポートするのも大切な役割だ。

- **ハンドリング**：ボールを持って前進し、味方のためにチャンスを作りだす。

- **ポジショニング**：常にボールを持ったプレーヤーの近くにいる。

- **タックル**：相手チームのアタックを阻止し、ボールを奪い返す。

キアラン・リード

代表デビューしたのは2008年。その後、2016年からオールブラックスのキャプテンを務める。ニュージーランドが2011年、2015年とワールドカップの連覇を果たした今、彼はすでにレジェンド的存在だ。

21

スクラムハーフ

スクラムハーフが着るジャージーの背番号は9だ。ピッチ上では、フォワードとバックスをつなぐ、重要な役割を持つ。

- **ハンドリング**：スクラムに正確にボールを投入し、味方に供給する。

- **パス**：スクラムから出たボールを、素早く展開する。

- **スピードと頭脳**：ボールを動かす前に、正しい判断を下す。

モルガン・パラ

フランスのスタープレーヤーで、「小さな将軍」のあだ名を持つ。フランスは2010年のシックス・ネーションズでグランドスラムを達成。パラはその優勝に大きく貢献した。

ポジションとルール

フィン・ラッセル

代表デビューは2014年。以来、このスコットランドのスタンドオフ（フライハーフ）は、母国の勝利の鍵を握るプレーヤーだ。2015年のワールドカップでは、初戦でトライを記録している。

スタンドオフ（フライハーフ）

スタンドオフ（フライハーフ）が着るジャージーの背番号は10だ。ゴールキックを蹴るだけでなく、チームのゲームスピードをコントロールしていく。

- **キッキング**：コンバージョンやペナルティゴールを狙うために、キックティー（不安定な芝生の上でボールを固定するための小さなキット）の上に置いたボールや、手に持ったボールを正確に蹴る。

- **視野**：事前に危険を察知するとともに、攻撃のチャンスも見逃さない。

- **リーダーシップ**：試合の流れを変えるような、重要な判断を下す。

23

ダミアン・デアリエンディ

2014年以来、南アフリカ代表チームのインサイドセンターを務めている。2015年のワールドカップでは、スプリングボクスの3位に貢献した。

センター

各チームにはインサイドセンター（背番号12）とアウトサイドセンター（背番号13）がいる。

- **ムーブメント**：センターはスペースに走り込み、サイドステップやスワーブを使いながら、味方のチャンスを広げていく。

- **プレーの選択**：アタックを仕掛ける場合、キックとパスを組み合わせて使っていく。

- **タックル**：ボールを持って、トライラインめがけてアタックしてくる相手チームのバックラインを止める。

フルバック

フルバック（背番号15）はチームの最後方にいる、ディフェンスの最後の砦だ。その一方で、アタック能力も求められる。

- **キャッチング**：相手チームが高く蹴ったボール（ハイボール）を、敵のプレッシャーのなかでキャッチする。

- **キッキング**：危機を脱するために、正確で長いキックを蹴る。

- **スピード**：味方のバックライン攻撃に参加したり、自らカウンター攻撃を仕掛けたりする。

リー・ハーフペニー

このウェールズのフルバックは、2013年のブリティッシュ・アンド・アイリッシュ・ライオンズでチームが得点した79点のうち、49点を叩きだした。2012年と2013年のシックス・ネーションズでは、ウェールズの優勝にも大きく貢献した。

ポジションとルール

ジェイコブ・ストックデール

このアイルランドのウィングは、2018年にシックス・ネーションズのシーズン最多トライ（7トライ）を記録。同大会でアイルランドがグランドスラムで優勝すると、大会最優秀選手に選ばれた。

ウィング

各チームには左ウィング（背番号11）と右ウィング（背番号14）がいる。チームで最も足の速いプレーヤーで、トライゲッターと言われる。

- **キッキング**：プレー中にボールを蹴ったり、キックティーを使いゴールキックを狙ったりする。
- **視野**：事前に危険を察知するとともに、攻撃のチャンスも見逃さない。
- **リーダーシップ**：試合の流れを変えるような、重要な判断を下す。

伝説のプレーヤーたち

得点を重ね、チームを引っ張っていけるプレーヤーは、ゲームだけでなく、トーナメントの行方さえ左右する。ワールドカップは男女を問わず、世界最高峰と言われるプレーヤーたちの宝庫だ。

ジョナ・ロムー

ロムーは2度出場したワールドカップで、いずれも最多トライを記録している。1995年大会の準決勝となる対イングランド戦では、実に4トライをあげる大活躍。だが残念ながら、優勝カップを手にすることはできなかった。ニュージーランドは、1995年大会では準優勝、1999年大会では4位という結果に終わっている。

チーム	ニュージーランド
ポジション	ウィング
出場年	1995年、1999年
大会通算トライ数	15
大会通算得点	75

ポジションとルール

🏴󠁧󠁢󠁥󠁮󠁧󠁿 ジョニー・ウィルキンソン

2003年大会、開催国オーストラリアとの決勝戦は延長にもつれこむ。ウィルキンソンはそこで、イングランドを優勝に導く劇的なドロップゴールを蹴り込んだ。ワールドカップに4回出場、歴代最多となる通算277得点を記録している。

チーム	イングランド
ポジション	スタンドオフ（フライハーフ）
出場年	1999年、2003年（優勝）、2007年、2011年
大会通算トライ数	1
大会通算得点	277

🏴󠁧󠁢󠁥󠁮󠁧󠁿 キャサリン・マーチャント

2010年大会では右ウィングとして、イングランドを決勝へ導く。2014年大会では念願の優勝カップを手にした。2大会で通算6トライを記録。

チーム	イングランド
ポジション	ウィング
出場年	2010年、2014年（優勝）
大会通算トライ数	6
大会通算得点	30

プレーの基本

実際にプレーする前に、ゲームに必要なスキルを修得しなければならない。走力はもちろん必要だが、ラグビーは主に手を使ってプレーするスポーツだ。ここではパスやキャッチ、ボールの運び方について、その基本を学んでいこう。

パスの仕方

パスは、ラグビーの重要なテクニックのひとつだ。プレーヤーは味方にボールを渡すため、正確なパスが放れなければならない。良いパスはピッチ上の味方を勢いづけ、ボールをゴールラインまで素早く運んでいける。こうして得点チャンスを作り出せば試合を有利に進められ、勝利を手にすることができるのだ。.

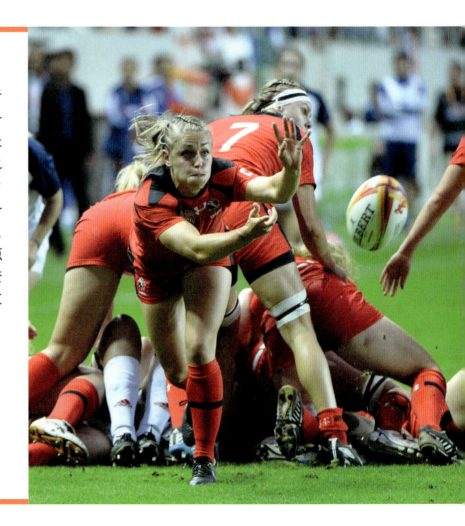

プレーの基本

パスの基本

以下の説明を参考に、パスの基本を修得しよう。これは誰かをめがけて放るのではなく、スペースに走り込んでくる味方プレーヤーにボールを渡すパスだ。

1 両手でボールをつかむ。ただしボールコントロールは指先で行う。顔をしっかりあげて、パスを出す味方を確認する。

2 パスするプレーヤーの方向に両腕を振り、受け手から遠いほうの手でボールを押しだす。もう一方の手は、方向を調整するために軽く添える程度。

3 ボールをリリースするときは、手首と指を使いスナップをきかせる。指先はパスする相手の方向に伸ばすこと。

スピンパス

基本のパスができるようになったら、次はスピンパスをマスターしよう。少し難しいが、これができれば正確で長いパスが放れるようになる。

1 お尻のあたりで、片手でボールの3分の1程度を抱える。

2 腕を振りボールをリリース。リリースと同時に手首を返すと、ボールに回転が与えられる。

3 パスする相手の方向へ腕をまっすぐに伸ばし、フォロースルーする。

4 このとき手のひらは上、肘は地面の方向を向いている。

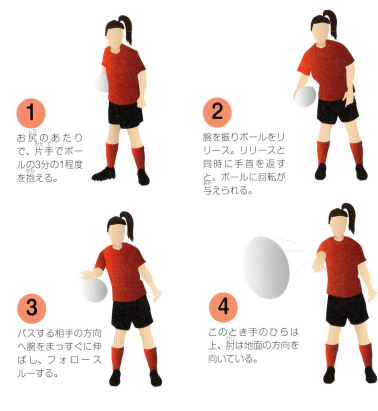

ボール力学

空中を飛ぶボールには、4つの基本的な力が作用している。

- **揚力**により空中に浮かび続ける。
- プレーヤーによって**推進力**が与えられる。
- **抗力**により動きが弱められる。
- **重力**により地面に引きつけられる。
- ボールが投げられた方向

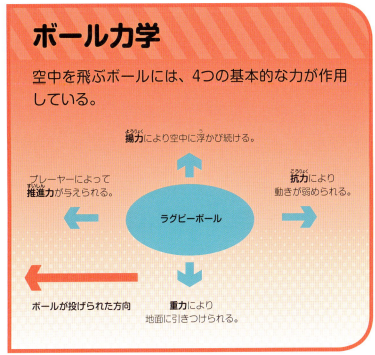

29

キャッチの仕方

プレーヤーはボールをつなぐのに、基本的にはキックではなくパスを使う。このためラグビーでは、ボールキャッチは重要なスキルだ。ボールを取り落とすと、相手チームにひろわれてピンチを招く。ボールを確実にキャッチするにはどうすれば良いか、見ていこう。

キャッチの基本

プレーヤーは常にパスに備えることが大切だ。初心者向けに、ボールキャッチの仕方を説明する。

1. ボールから目を離さず、パスがくる方向に腕を伸ばす。
2. 腕を伸ばしたまま、両手でしっかりキャッチする。
3. ボールは体の前でキャッチし、抱え込まない。

転がるボールをキャッチする

転がったり、はずんだりするラグビーボールは扱いにくい。ピッチが濡れていれば特に注意が必要だ。ここでは転がるボールの扱い方を説明する。

- ボールから目を離さない。
- 膝を曲げる。
- 両手を伸ばしてひろいあげる。
- 足はボールの後方。身体の下にボールがくるように構える。

プレーの基本

ハイボールをキャッチする

空中に高く上がったボールをキャッチするのは難しい。特に相手チームのプレーヤーが迫ってきていればなおさらだ。大きくジャンプしてボールをしっかり正確にとらえよう。

1 ボールが落ちてくる方向にまっすぐ走り込む。ボールから目を離してはいけない。

2 肘を曲げたまま、ボールを抱えるような格好で腕を伸ばし、相手チームのプレーヤーに体の側面を向け、ジャンプする。相手側に向いた足は、腰の位置くらいまで膝をあげる。

3 目よりも上の位置で捕球し、着地すると同時にボールを身体で抱え込む。

走るときのボールの持ち方

ラグビーでは、ボールを持ってピッチ上を走りまわるときは、ボールを完璧にコントロールしなければならない。ここでは敵に奪われないよう、いかに安全に運んでいくか、その方法を説明する。

ツーハンド・キャリー

トップスピードで走っていない場合の持ち方。指をボールの下のほうの縫い目にそって、親指は上のほうの縫い目にそって置き、両手の指で抱えるように、胸の前でしっかり持つ。

ワンハンド・キャリー

落とす危険性がなく、トップスピードで走ろうとする場合の持ち方。上腕と胸の間でボールをしっかり抱えるので、相手から見えるのはボールの上部のみである。

31

様々な局面でのプレー

ラグビーの試合には様々な局面があり、そこで行われるプレーや必要とされるスキルもそれぞれに異なる。ここで取り上げるのは、モール、ラック、スクラム、そしてラインアウトの4つだ。レフリーは、どのプレーを採用して試合を再開するのか決定する。

スクラム

軽度の反則がおこった場合、試合を再開するために選択されるプレーのひとつが、このスクラムだ。ラックやモールのなかでボールが停滞し、プレーが続行できない状態になると、スクラムが組まれる。スクラムハーフがこのスクラムにボールを投げ入れると、両チームのフォワードは、少しでも陣地をとりボールを確保しようと、互いに押し合う。

1
スクラムを組む前：つま先立ちで、前かがみになり、頭をあげた姿勢をとる。

2
スクラムを組むとき：腰を曲げ、お尻は膝よりも高い位置とし、母指球（足の裏の親指の付け根にあるふくらみ）でしっかり踏みとどまる。

プレーの基本

モール

ボールを持ったプレーヤーが相手チームのプレーヤーに捕らえられ、そこに味方のプレーヤーが参加すると、モールが形成されたと判断される。ボールを保持する側は、ボールを支配したまま相手のゴールラインの方向に押していく。この間、ボールが地面についてはならない。

ラインアウト

ボールがタッチラインを越えて外に出ると、試合はラインアウトで再開される。両チームのフォワードは二列に並び、フッカーがその間にボールを投げ入れる。フォワードは味方のプレーヤーのひとりを持ち上げ、空中でボールを確保する。相手チームのフォワードは、これと競り合っても構わない。ラインアウトを行うためには、各チームふたり以上のプレーヤーの参加が必要である。

ボールを持ったプレイヤーをかかえる、味方のプレーヤー

ボールを持ったプレイヤーを捕まえている相手チームのプレーヤー

ラック

ラックは、両チームのプレーヤーからひとり以上が地面の上にあるボールの近くに集まり、手を使わず、立ったまま互いに競り合う状態をいう。ボールは後方にいる味方に足で掻き出すか、あるいはプレーヤーがボールを越えて相手側に押し込み、ボールを奪い取る。

最後尾のプレーヤーの足　　最後尾のプレーヤーの足

ボールは、最後尾のプレーヤーの足よりも後ろに出たら、ひろいあげてよい。

33

ペナルティキック

ペナルティキックには3つの種類（タップキック、ゴールキック、タッチキック）がある。相手チームの反則によりペナルティキックを得たチームは、反則が起きた地点からいずれかの方法を選択し、試合を再開する。一方、反則を犯したチームはそこから10メートル、もしくはゴールラインのいずれか近い地点まで後退しなければならない。

タップキック

反則が起きたあとで試合を再開するのに最も素早い方法は、タップキックである。これはプレーヤーが足の上にボールを落とし、軽く上方に蹴り上げ、それを掴んで走り出すもので、プレーヤーひとりで行え、しかも相手チームを動揺させることができる。

プレーの基本

ゴールキック

ゴールキックは成功すれば得点につながる。プレーヤーはグラウンド上にプラスチック製のキックティーを置き、そこにボールを固定し、ゴールポストの間、クロスバーの上を通過するように蹴る。成功すれば、チームに3点が入る。

1 キックティーにボールを置き、助走の距離をとる。

2 助走に入り、軸足をティーの近くに踏み込む。

3 ボールのスィートスポット（ボールの下、約3分の1あたり）をめがけて蹴り、しっかりフォロースルーする。

タッチキック

陣地を進めるため、ボールをタッチに蹴りだすのがこの方法だ。ボールがタッチラインを割ったところで、キックした側のラインアウトで試合が再開される。ペナルティからのタッチキックでは、自陣22メートルを出た地域から直接タッチに蹴りだしても、マイボールでのラインアウトになる。

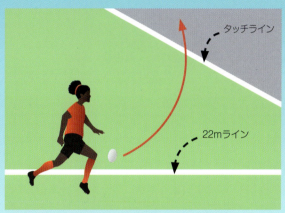

ボールを手に持ってそのまま真下に落とし、地面につく前に足で蹴り上げ、できるだけ遠くへ飛ばす。

ラインアウトでは、フッカーがタッチラインからボールを投げ入れる。

35

伝説のプレーヤーたち

偉大なプレーヤーたちは、ボールキャリーとパスというふたつの能力を、状況に応じてみごとに使いわけながら、相手ゴールに向かって突き進む。大会中、プレーヤーはそれこそ何百回となく、ボールをパスしなければならない。

セバスチャン・シャバル

長い髪と髭。誰もが間違えようのない風貌をしたこのフランス人は、2003年と2007年、レ・ブルー（フランス代表の愛称）の一員としてワールドカップに出場した。2大会とも、準決勝でイングランドに敗退。最初はオーストラリア、次は母国フランスでの出来事だった。

チーム	フランス
ポジション	ナンバーエイト／ロック
出場年	2003年、2007年
生年月日	1977年12月8日
出身地	フランス、ヴァランス

プレーの基本

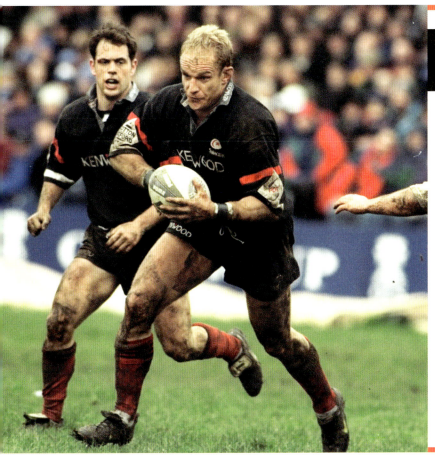

フランソワ・ピナール

1995年のワールドカップで南アフリカ代表チームのキャプテンを務めたピナールは、同大会の最も象徴的なシーンのひとつに登場する。実に当時の南アフリカ大統領、かのネルソン・マンデラから優勝カップを手渡されたのだ。

チーム	南アフリカ
ポジション	フランカー
出場年	1995年
生年月日	1967年1月1日
出身地	南アフリカ、フェリーニヒング

アンナ・リチャーズ

1998年から2010年まで、女子ラグビーワールドカップで4連覇を成し遂げたニュージーランド代表チーム、ブラックファーンズのスタンドオフ（フライハーフ）だ。

チーム	ニュージーランド
ポジション	スタンドオフ（フライハーフ）
出場年	1991年、1998年、2002年、2006年、2010年
生年月日	1964年12月3日
出身地	ニュージーランド、ティマルー

ワールドカップの歴史

男子ワールドカップは1987年にスタート。
オーストラリアとニュージーランドの共同開催だった。
以来ワールドカップはどの大会も、
決して忘れることのできない素晴らしいプレーの数々に
彩られている。

大会概要

20カ国（地域）が参加し、5チームずつ4つのプールに分かれ、各プール内で総当たりで試合を行い、上位2チームが準々決勝に進む。準々決勝からはトーナメント方式となり、最後まで勝ちぬいたチームがワールドチャンピオンの栄誉に輝くのだ。

史上初のワールドカップ

オーストラリアとニュージーランドのラグビー協会は、ワールドカップを世界的な競技大会にしたいと望んでいた。彼らは他の国・地域にこの大会方針の理解を求め、1985年に認められた。史上初のワールドカップには16チームが参加。1987年5月から6月にかけて開催された。

国際ラグビー

開催国および優勝チーム

1987
優勝国——ニュージーランド
開催国——オーストラリアとニュージーランドによる共催

1991
優勝国——オーストラリア
開催国——ヨーロッパ

1995
優勝国——南アフリカ
開催国——南アフリカ

1999
優勝国——オーストラリア
開催国——ウェールズ

2003
優勝国——イングランド
開催国——オーストラリア

2007
優勝国——南アフリカ
開催国——フランス

2011
優勝国——ニュージーランド
開催国——ニュージーランド

2015
優勝国——ニュージーランド
開催国——イングランド

2019日本大会

第9回となる男子ラグビーワールドカップは、初めてのアジア開催を迎える。日本はイタリアと南アフリカをおさえ、開催国に指名された。

参加チーム

- アイルランド
- スコットランド
- 日本
- ロシア
- サモア
- ニュージーランド
- 南アフリカ
- イタリア
- ナミビア
- カナダ
- イングランド
- フランス
- アルゼンチン
- アメリカ合衆国
- トンガ
- オーストラリア
- ウェールズ
- ジョージア
- フィジー
- ウルグアイ

20チーム

RWCでの日本の成績

日本はこれまですべての大会に出場。最も良い成績を残したのは2015年大会で、3勝をあげた。

国際ラグビー

どこで？

大会は9月20日から11月2日まで、全国12都市で開催される。

スタジアム情報

- 横浜にある横浜国際総合競技場（日産スタジアム）では、2019年11月2日に決勝戦が行われる予定。
- 横浜国際総合競技場は72,327人を収容する、日本大会で最も大きな会場だ。
- 1997年竣工、1998年より使用が開始されたこの競技場は、約603億円かけて建設された。
- 横浜国際総合競技場では、各種音楽・スポーツイベントが行われており、2002年にはサッカーワールドカップの決勝戦も開催された。

横浜国際総合競技場

代表チームの人数

31人

ヘッドコーチは大会に臨むにあたり、1チーム31人の代表選手を選出する。

41

数字で見る ワールドカップ

最年少プレーヤーから1試合最多トライ、大会最多トライ、大会の歴史など、男子ラグビーワールドカップを様々な数字から見ていこう。

277
大会通算最多得点
ジョニー・ウィルキンソン
(イングランド)

126
大会最多得点
グラント・フォックス
(ニュージーランド、1987年大会)

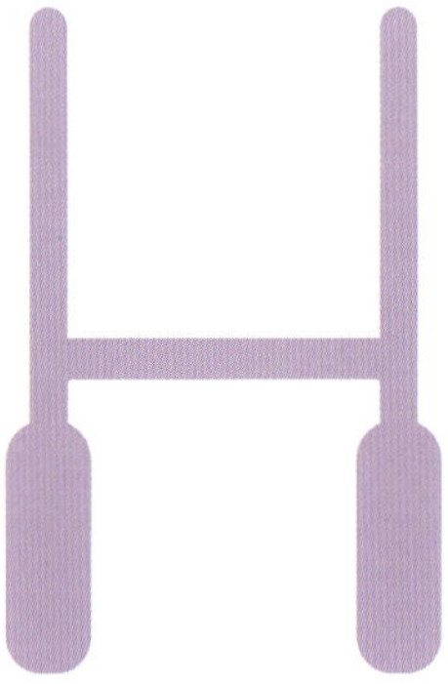

45
1試合最多得点
サイモン・カルハイン
(ニュージーランド、1995年大会の
ニュージーランド対日本戦にて)

2017年女子ワールドカップ

アイルランドで開催された2017年女子ラグビーワールドカップは、これまでで最大のものとなった。大会を通じて45,412人がスタジアムを訪れ、大会の観戦者数記録を塗り替えたのだ。イギリス国内では265万人が、イングランド対ニュージーランドの決勝戦をテレビ観戦したと伝えられる。

65
大会最多得点
ポーシャ・ウッドマン
(ニュージーランド)

国際ラグビー

大会通算最多トライ　15
ブライアン・ハバナ（南アフリカ）
ジョナ・ロムー（ニュージーランド）

1試合最多トライ　6
マーク・エリス
（1995年大会、ニュージーランド対日本戦）

1試合最多ドロップゴール　5
ヤニー・デビア
（1999年大会、南アフリカ対イングランド戦）

大会最多コンバージョン　30
グラント・フォックス
（ニュージーランド、1987年大会）

大会最多ペナルティゴール　31
ゴンザロ・ケサダ
（アルゼンチン、1999年大会）

40　最年長プレーヤー　40歳と26日
ディエゴ・オルマエチェア、1999年大会（ウルグアイ）

18　最年少プレーヤー　18歳と340日
ヴァシル・ロブジャニゼ、2015年大会（ジョージア）

---

117 最多タックルプレーヤー　マリア・リベラ（スペイン）

299 最多チーム得点　ニュージーランド

49 最多チームトライ数　ニュージーランド

1,002 最多チームタックル数　日本

以上のデータは2017年大会による。女子ワールドカップに関する信頼のおける資料は今のところ同大会のものしか存在しない。

🏴󠁧󠁢󠁥󠁮󠁧󠁿 イングランド

ホームゲームは、ロンドン近郊にあるトゥイッケナムで開催される。イングランドは、同時優勝10回を含む、大会通算38回の優勝を誇る。同時優勝とは、勝ち点で並んだ場合に優勝を分け合うことをいう。

🇫🇷 フランス

フランスの代表チームはレ・ブルーの愛称で知られ、この大会には1910年から参加している。それまではホーム・ネーションズ4カ国による対抗戦だったが、フランスが参加し、ファイブ・ネーションズとなった。優勝回数は25回（うち同時優勝8回）。

🏴󠁧󠁢󠁷󠁬󠁳󠁿 ウェールズ

優勝39回の最多優勝回数を誇る強豪国だ。そのうちグランドスラム（他国に全て勝利する全勝優勝）は12回。グランドスラムはイングランドが最多の13回で、ウェールズは現在2位である。

国際ラグビー

シックス・ネーションズ

シックス・ネーションズは毎年2月から3月にかけて開催され、イングランド、アイルランド、ウェールズ、スコットランド、フランス、そしてイタリアの6カ国が優勝カップを賭けて競い合う。彼らにとってはワールドカップに次ぐ重要な大会だ。スタート時は4カ国によるホーム・ネーションズ。その後ファイブ・ネーションズとなり、現在のシックス・ネーションズへと引き継がれている。

スタート当時は……

大会がスタートしたのは1883年。当時は4カ国（イングランド、アイルランド、ウェールズ、スコットランド）によるホーム・ネーションズだった。

 スコットランド

国花にちなんで「アザミ」とも呼ばれるスコットランドは、イングランド、ウェールズ、アイルランドとともに、大会スタート当時からの参加国だ。優勝24回（同時優勝9回含む）、そのうちグランドスラムは3回達成している。1999年のファイブ・ネーションズ最後の大会では、スコットランドが優勝を飾った。

 アイルランド

シックス・ネーションズの優勝は2014年、2015年、そして2018年（グランドスラム）。優勝は大会通算23回（うち同時優勝9回）を誇る。グランドスラムを初めて達成したのは1894年。2019年当初の世界ランクは2位である。

 イタリア

大会に最後に加わったのがイタリアだ。2000年に参加し、ここから現在のようなシックス・ネーションズになった。いきなり最初の試合で、前年度チャンピオンのスコットランドに勝利。しかし「アッズーリ（イタリア代表チームの愛称）」には、いまだ優勝経験はない。

シックス・ネーションズに関する数字は、2019年3月18日現在のものである。

45

注目選手

2019年のワールドカップ日本大会では、次に紹介する選手が注目されている。

 **ジョナサン・デーヴィス**

この才能豊かなセンターはウェールズのキープレーヤーで、2011年のワールドカップでは準決勝まで出場。だが、2015年大会は怪我のため出場機会を逃しただけに、今大会にかけるものは大きい。

チーム	ウェールズ
ポジション	センター
出場大会	2011年
生年月日	1988年4月5日
出身地	イングランド、ソリフル

国際ラグビー

 ## スチュアート・ホッグ

このフルバックは、スコットランドが準決勝に駒を進めた2015年ワールドカップで、大いに存在感を示した。スコットランドはさらにチームとして成長を遂げており、彼自身も日本大会でのさらなる活躍が期待される。

チーム	スコットランド
ポジション	フルバック
出場年	2015年
生年月日	1992年6月24日
出身地	スコットランド、メルローズ

 ## セルジオ・パリセ

イタリア代表チームのキャプテンであり、国内最多キャップを誇る、世界有数のナンバーエイトだ。36歳という年齢を考えれば、今回が最後のワールドカップとなるだろう。彼自身、今大会は心中期するところがあるに違いない。

チーム	イタリア
ポジション	ナンバーエイト
出場年	2003年、2007年、2011年、2015年
生年月日	1983年9月12日
出身地	アルゼンチン、ラ・プラタ

ボーデン・バレット

バレットは、2年連続ワールドラグビー最優秀選手に輝く、世界屈指のプレーヤーだ。34対17で勝利した2015年大会の決勝、対オーストラリア戦では、最後にトライを記録している。

チーム	ニュージーランド
ポジション	スタンドオフ(フライハーフ)
出場年	2015年
生年月日	1991年5月27日
出身地	ニュージーランド、ニュープリマス

国際ラグビー

福岡堅樹(けんき)

2013年の対フィリピン戦で、代表デビュー。2015年大会で4戦3勝した日本代表チームの主力のひとりである。

チーム	日本
ポジション	ウィング
出場年	2015年
生年月日	1992年9月2日
出身地	福岡県

 テディ・トマ

代表デビュー戦でハットトリックを記録。2015年大会では惜しくもメンバーから外れたが、今大会では彼の活躍が大いに期待される。

チーム	フランス
ポジション	ウィング
出場年	なし
生年月日	1993年9月18日
出身地	フランス、ビアリッツ

デービッド・ポーコック

オーストラリアは、2015年のワールドカップでは惜しくも準優勝。フランカーとして、これまでオーストラリア年間最優秀選手賞に2度選出されているこのスタープレーヤーは、今大会では優勝を目指しチームのために全力で臨むだろう。

チーム	オーストラリア
ポジション	フランカー
出場年	2011年、2015年
生年月日	1988年4月23日
出身地	ジンバブエ、グウェル

ニコラス・サンチェス

サンチェスは、アルゼンチン男子代表チーム、ロス・プーマスが誇るスタンドオフ（フライハーフ）だ。2015年大会では、その正確無比なキックでペナルティゴールを20本成功させ、大会通算97得点で得点王に輝き、アルゼンチンの大会4位に大いに貢献した。

チーム	アルゼンチン
ポジション	スタンドオフ（フライハーフ）
出場年	2011年、2015年
生年月日	1988年10月26日
出身地	アルゼンチン、サン・ミゲル・デ・トゥクマン

国際ラグビー

オーウェン・ファレル

ファレルは現在、イングランド得点王ランキングで歴代2位の位置につけている。イングランドは前回の2015年で、初めて決勝トーナメント進出を逃し、ファレルも落胆は隠せなかった。2019年大会ではキャプテンとして、決勝トーナメント進出はもちろん、好成績を残そうと、全力で挑むに違いない。

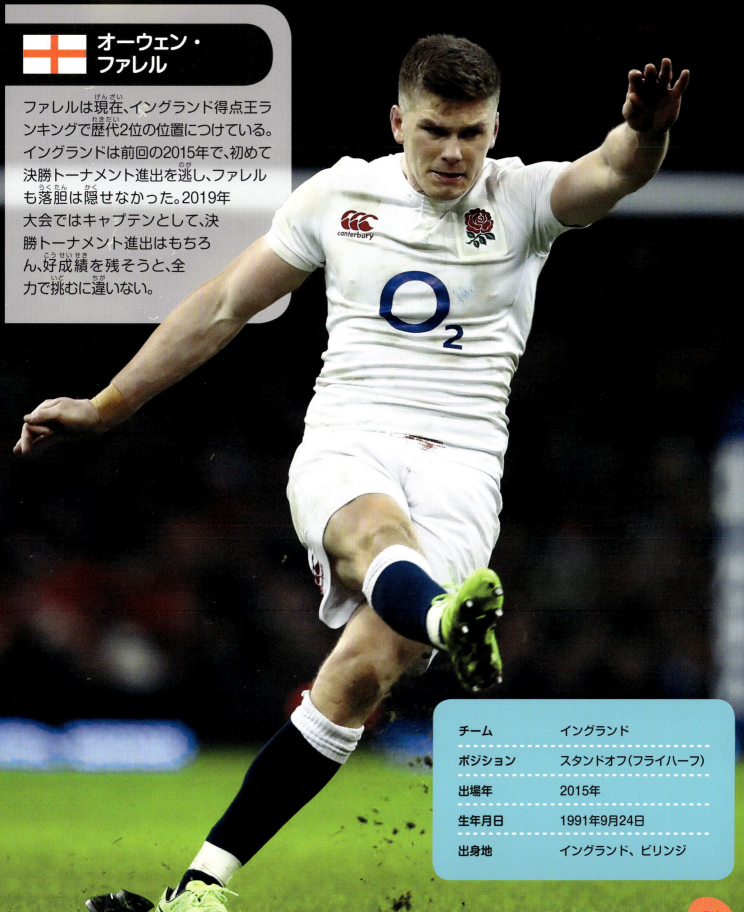

チーム	イングランド
ポジション	スタンドオフ（フライハーフ）
出場年	2015年
生年月日	1991年9月24日
出身地	イングランド、ビリンジ

シヤ・コリシ

2019年日本大会では、コリシはキャプテンとして南アフリカを率いるだろう。2015年大会ではわずか34分の出場にとどまった彼は、2007年以来遠ざかっている母国南アフリカの優勝を心に誓い、今回の大会に臨むはずだ。

チーム	南アフリカ
ポジション	フランカー
出場年	2015年
生年月日	1991年6月16日
出身地	南アフリカ、ズウィデ

国際ラグビー

バンディー・アキ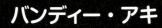

センターを務めるアイルランド屈指のプレーヤーだ。代表デビューからわずか4カ月後、2018年のシックス・ネーションズでは、アイルランドのグランドスラムに大きく貢献した。

チーム	アイルランド
ポジション	センター
出場年	なし
生年月日	1990年4月7日
出身地	ニュージーランド、オークランド

ソナタネ・タクルア

2015年大会にはスクラムハーフとして出場。今大会でも、トンガ代表チームのなかで特に活躍が期待されるプレーヤーのひとりである。2017年のパシフィック・ネーションズカップでは25得点をあげ、得点王に輝いた。

チーム	トンガ
ポジション	スクラムハーフ
出場年	2015年
生年月日	1991年1月11日
出身地	トンガ、ラパハ

伝説の代表チーム

ラグビーの頂点ともいうべき世界最高の舞台で、彼らの残した偉大な成績は、ラグビーユニオンの歴史に大きな足跡を残すこととなった。

最初の世界王者

歴史的な第1回ワールドカップの覇者は、ニュージーランドだ。決勝の相手はフランス。29対9の完勝だった。

男子フランス代表チーム、2011年

決勝トーナメントでは、フランスは大方の予想をくつがえし、イングランドとウェールズを撃破し、世界を驚かせた。だが残念ながら決勝戦では、開催国で優勝候補のニュージーランドに、7対8のわずか1点差で涙をのんだ。

男子ニュージーランド代表チーム、2011年・2015年

2011年、自国開催のワールドカップで頂点に立ったオールブラックスは、次の2015年大会でも優勝カップを防衛。大会史上初の2連覇を成し遂げた。

男子南アフリカ代表チーム、1995年

この年、南アフリカは大会初参加で初の開催国を務めた。そんなプレッシャーをはねのけ、スプリングボクスは順調に勝ち進む。決勝戦では延長戦の末、みごとニュージーランドを降すと、初めてウェブ・エリス・カップを手にした。

国際ラグビー

男子オーストラリア代表チーム、1999年

1995年大会終了後、ラグビーユニオンはプロ化を容認。新たな波のなかで開催された1999年大会を制したのが、ワラビーズだった。決勝戦の相手はフランス。カーディフのミレニアムスタジアムで開催された。

女子ニュージーランド代表チーム、1998年～2010年

女子代表チームのブラックファーンズは、1998年から4大会連続、通算19試合を全て白星で飾り、13年にわたってワールドカップの王座を守り続けた。

女子アメリカ代表チーム、1991年

1991年、ウェールズで開催された第1回女子ラグビーワールドカップで、アメリカ代表チームが失ったのはわずかに6点。カーディフのアームズパークで行われた決勝戦では、3,000人の観衆が見守るなか、19対6でイングランドに勝利した。

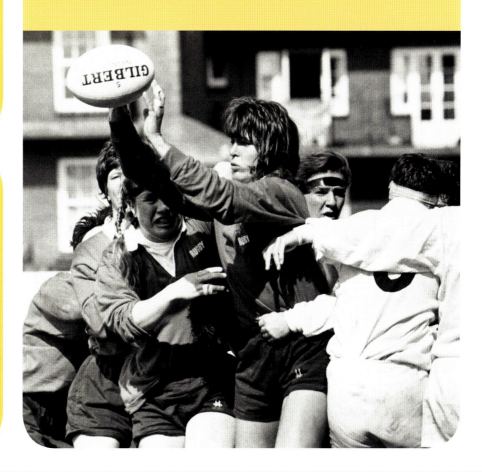

イングランド代表チーム、2003年

イングランドはシドニーでオーストラリアを破り、初めてワールドカップを制した。ベスト4は、イングランド、オーストラリア、ニュージーランド、フランス。

歴史に残る名勝負

ラグビーの試合には、劇的な展開や手に汗握る熱戦が数多くある。もう一度、世界中のラグビーファンの心に生き続ける、ラグビー史に残る素晴らしい試合の数々を見ていこう。

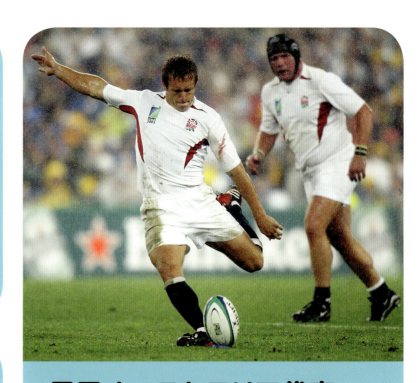

男子日本代表34−32男子南アフリカ代表（2015年大会）

チェリーブロッサムズの勝利は、ワールドカップ史上最大の番狂わせ。対戦相手の南アフリカを呆然とさせるに十分だった。最後のロスタイムに、なんとカーン・ヘスケスが決勝トライをあげたのだ！

女子ニュージーランド代表25−17女子イングランド代表（2006年大会）

ニュージーランドはイングランドと決勝戦で対戦。スタンドオフ（フライハーフ）のアンナ・リチャーズの驚異的な活躍で、3大会連続3度目の王座についた。

男子オーストラリア代表17−20イングランド代表（2003年大会）

シドニーで行われたこの決勝戦は、両チームの力が拮抗しており、どちらが勝ってもおかしくなかった。オーストラリアは激しく攻め、開始6分にロテ・トゥキリがトライ。しかし後半ロスタイムの終了間際、ジョニー・ウィルキンソンの劇的なドロップゴールが決まり、前大会の覇者であり開催国であるオーストラリアから、優勝カップを奪ったのである。

国際ラグビー

男子フランス代表 20-18 男子ニュージーランド代表（2007年大会）

2007年大会の準々決勝、フランスは前半終了時点で3-13とリードされながらも大逆転。フランスのヤニック・ジョジオンが勝利を決定づけるトライを奪い、大会優勝候補のオールブラックスを撃破した。

女子カナダ代表 18-16 女子フランス代表（2014年大会）

最後までレ・ブルーの猛攻をしのいだカナダが勝利。開催国フランスは無念の敗退となる。この試合でマガリー・ハーヴィーは、カナダを勢いづける素晴らしいトライをあげ、チームを決勝戦に導いた。

男子西サモア（現サモア）代表 16-13 男子ウェールズ代表（1991年大会）

予想どおりの結果に終わった第1回ワールドカップだったが、本大会では西サモアが、予選通過国として初めてシード国を破った。地元で行われたウェールズの大会初戦で、対戦相手の西サモアが見事勝利を収めたのだ。

男子南アフリカ代表 15-12 男子ニュージーランド代表（1995年大会）

あまりに伝説的となったこの試合は、その後映画化（マット・ディモン主演『インビクタス／負けざる者たち』）された。この劇的な勝利は、それまでアパルトヘイト下で分断されていた南アフリカを団結させる一助となった。

57

優勝チーム一覧

多くのチームが優勝を目指して戦いをくりひろげるが、栄光の座はわずかにひとつ。これまで行われた各大会の優勝チームおよび通算得点ランキング、そしてもちろん、ワールドカップの優勝チームを見ていこう！

シックス・ネーションズ優勝チーム（男子）

年	優勝
2000	イングランド
2001	イングランド
2002	フランス（グランドスラム）
2003	イングランド（グランドスラム）
2004	フランス（グランドスラム）
2005	ウェールズ（グランドスラム）
2006	フランス
2007	フランス
2008	ウェールズ（グランドスラム）
2009	アイルランド（グランドスラム）
2010	フランス（グランドスラム）
2011	イングランド
2012	ウェールズ（グランドスラム）
2013	ウェールズ
2014	アイルランド
2015	アイルランド
2016	イングランド（グランドスラム）
2017	イングランド
2018	アイルランド（グランドスラム）
2019	ウェールズ（グランドスラム）

シックス・ネーションズ優勝チーム（女子）

年	優勝
2002	フランス（グランドスラム）
2003	イングランド（グランドスラム）
2004	フランス（グランドスラム）
2005	フランス（グランドスラム）
2006	イングランド（グランドスラム）
2007	イングランド（グランドスラム）
2008	イングランド（グランドスラム）
2009	イングランド
2010	イングランド（グランドスラム）
2011	イングランド（グランドスラム）
2012	イングランド（グランドスラム）
2013	アイルランド（グランドスラム）
2014	フランス（グランドスラム）
2015	アイルランド
2016	フランス
2017	イングランド（グランドスラム）
2018	フランス（グランドスラム）

シックス・ネーションズ大会通算得点ランキング（男子）*

1位　ローナン・オガーラ（アイルランド）.................557
2位　ジョニー・ウィルキンソン（イングランド）........546
3位　スティーブン・ジョーンズ（ウェールズ）...........467
4位　ニール・ジェンキンズ（ウェールズ）.................406
5位　クリス・パターソン（スコットランド）................403
6位　オーウェン・ファレル（イングランド）..............402

*女子については同様の公式データは存在しない。

2019年3月18日現在

優勝チーム一覧

ラグビーユニオン

ワールドカップ優勝チーム（男子）

ニュージーランド	3回	（1987年、2011年、2015年）
オーストラリア	2回	（1991年、1999年）
南アフリカ	2回	（1995年、2007年）
イングランド	1回	（2003年）

ワールドカップ大会通算得点ランキング・ベスト3（男子）

- 1位　ジョニー・ウィルキンソン（イングランド）..........277
- 2位　ギャビン・ヘイスティングス（スコットランド）....227
- 3位　マイケル・ライナー（オーストラリア）................195

ワールドカップ優勝チーム（女子）

年	優勝チーム	試合結果	準優勝
1991年	アメリカ合衆国	19－6	イングランド
1994年	イングランド	38－23	アメリカ合衆国
1998年	ニュージーランド	44－12	アメリカ合衆国
2002年	ニュージーランド	19－9	イングランド
2006年	ニュージーランド	25－17	イングランド
2010年	ニュージーランド	13－10	イングランド
2014年	イングランド	21－9	カナダ
2017年	ニュージーランド	41－32	イングランド

ワールドカップ大会通算トライランキング・ベスト3（女子）

- 1位　ポーシャ・ウッドマン（ニュージーランド）...........13
- 2位　エリッサ・アラリー（カナダ）..............................6
- 3位　マガリー・ハーヴィー（カナダ）..........................6

ラグビーリーグ

ワールドカップ優勝チーム（男子）

オーストラリア	11回	（1957年、1968年、1970年、1975年、1977年、1985－88年、1989－92年、1995年、2000年、2013年、2017年）
グレートブリテン	3回	（1954年、1960年、1972年）
ニュージーランド	1回	（2008年）

ワールドカップ大会通算得点ランキング・ベスト3（男子）

- 1位　ジョナサン・サーストン（オーストラリア）..........124
- 2位　ミック・クローニン（オーストラリア）................112
- 3位　マイケル・オコナー（オーストラリア）................108

ワールドカップ優勝チーム（女子）

年	優勝チーム	試合結果	準優勝
2000年	ニュージーランド	26－4	グレートブリテン
2005年	ニュージーランド	58－0	ニュージーランドマオリ
2008年	ニュージーランド	34－0	オーストラリア
2013年	ニュージーランド	22－12	ニュージーランド
2017年	オーストラリア	23－16	ニュージーランド

ワールドカップ大会通算トライランキング・ベスト3（2017年大会以降／女子）

- 1位　ハニー・ヒレミ（ニュージーランド）.....................13
- 2位　カリーナ・ブラウン（オーストラリア）...................6
- 3位　イザベル・ケリー（オーストラリア）......................6

ランキングは2019年1月1日現在

用語集 （50音順）

アパルトヘイト…人種間の隔離を図ろうとした歴史的政策。特に南アフリカで推進されたものを指す。

イエローカード…プレーヤーを10分間退場させるために、レフリーが提示するカード。プレーヤーはピッチから退き、シンビンエリアで椅子に座り、待機しなければならない。

インジャリータイム…試合が何らかの理由で中断された場合、レフリーがそれぞれのハーフタイム経過後に追加する、その分の時間をいう。

ウィルチェアーラグビー…肉体的ハンディキャップを負った車椅子が必要なプレーヤーにより行われる、ラグビー競技の一種。

ウェブ・エリス・カップ…ラグビーワールドカップの優勝チームに与えられる優勝カップの名称。

オフサイド…スクラム、ラインアウト、モールが形成されている間は架空のラインが設定されていると考えられ、そのプレーが解消される前にこのラインを越えたプレーヤーは、反則をとられる。

キャップ…その国の代表に選出され、テストマッチに出場したプレーヤーに授与される。

グランドスラム…シックス・ネーションズで、敗戦や引き分けをまったくはさまない、全勝優勝をさす言葉。

ゴールライン…ピッチの両端にひかれたラインで、プレーヤーはこのラインを含むゴールエリアにボールをつけるとトライになる。

コンタクト・ラグビー…捕まえたりタックルしたり、相手プレーヤーとのコンタクトが許されるラグビー。

コンバージョン…トライ後のキック。ボールをゴールポストの間に通過させると2点が追加される。

最多キャップ…その国の代表として、最も多くのテストマッチに出場したプレーヤー。

シックス・ネーションズ…イングランド、ウェールズ、アイルランド、スコットランド、フランス、イタリアの6カ国の代表チームが対戦し、優勝を決める大会。男女それぞれで、毎年開催されている。

10人制ラグビー…1チーム10人で対戦する、ラグビーユニオンによるラグビー競技の一種。

シンビン…イエローカードの対象になったプレーヤーが、10分間退場となる。

スクラム…互いのチームのプレーヤー、8人ずつでボールを奪い合う状態をいう。プレーヤーは互いにバインドし、相手を押そうと試みる。

スクラムハーフ…背番号9のジャージーを着るバックスプレーヤーで、通常、スクラムにボールを投入する。スクラム、ラック、モールから出たボールをもう一度、味方プレーヤーに供給する役目もある。

スノーラグビー…双方7人ずつのチームが積もった雪のなかで競い合う、ラグビーの一種。

スローフォワード…ボールを前にパスする反則行為。

セブンズ…1チーム7人で対戦する、ラグビーユニオンによるラグビー競技の一種。

タグラグビー…コンタクトのないラグビー競技のひとつ。1チーム5人から7人で構成され、プレーヤーは腰に2本のタグをぶら下げて行う。

タッチライン…ピッチの両側に引かれた、アウトオブバウンズを示すライン。

タッチラグビー…1チーム6人で対戦する、タックルのない、ラグビーユニオンによるラグビー競技の一種。

タップキック…ペナルティキックのひとつ。すぐに攻撃したい場合に足で軽く蹴りあげ、自分でキャッチし、プレーを継続しようとするもの。

トライ…ゴールラインを含むゴールエリアにボールをつけること。得点は5点。

ドロップゴール…攻撃側によるキックで、ゴールポストの間を通過させると3点が獲得できる。ボールはキックする前に、一度地面でワンバウンドさせなければならない。

用語集

ノックオン…ボールがプレーヤーの手から落ちたり、はずんだりして前方に落ちること。

ノンコンタクト・ラグビー…相手プレーヤーを捕まえたり、タックルしたりするコンタクトプレーが許されないラグビー。

ノン・タックルラグビー…相手プレーヤーへのタックルが許されないラグビー。

ハイボール…空中に高く蹴られたボール。

パシフィック・ネーションズカップ…フィジー、サモア、トンガの3カ国の男子チームによって毎年開催される国際大会。

バックス…背番号9から15までのプレーヤー。スクラムハーフを除き、スクラムやラインアウトには参加しない。

反則…プレーヤーあるいはチームがルールに反したプレーを行うこと。

ビーチラグビー…1チームを5人もしくは7人で構成し、ビーチで行うラグビーの一種。

ピッチ…試合が行われるグラウンド。

フォワード…背番号1から8までのプレーヤー。互いにバインドしてスクラムを組んだり、ラインアウトで並んだり、ラックやモールに参加したりする。

フリーキック…通常、相手チームの軽い反則によってチームに与えられるキック。

フロントロー…スクラムの第一列を構成するプレーヤーで、プロップふたりとフッカーからなる。

ペナルティ…相手チームの反則により、プレー上のアドバンテージまたは得点の機会が与えられること。

ペナルティキック…相手チームの犯した重い反則に対し、キックの機会が与えられること。

ミニラグビー…正規のピッチに比べて小さなプレーグラウンドで、より小さなボールを使用して行うラグビーの一種。

モール…両チームのプレーヤーが集まり、3人以上でボールを奪い合う状態をいう。

ユニオン…1チーム15人で対戦する、一般的に最も知られた形式のラグビー競技。

ラインアウト…キックあるいは何らかのプレーが原因で、ボールがタッチラインを越えて外に出た場合、試合を再開させるためにとられる方法。

ラグビー・フットボール・ユニオン（RFU）…イングランドのラグビーユニオンを統括する競技運営団体。

ラグビーワールドカップ（RWC）…4年に一度開催される、ラグビーユニオンの代表チーム世界一を決定する国際大会。ラグビーリーグでこれに相当するものは、ラグビーリーグ・ワールドカップである。

ラック…プレーヤーがタックルされ、グラウンド上に置かれたボールを確保するため、両チームからひとり以上のプレーヤーが集まり、押し合っている状態をいう。

リーグ…1チーム13人で行う、ユニオンとは異なるルールで行われるラグビーの一種。

ルーズフォワード…フォワードのなかのフランカーとナンバーエイトをさす一般的名称。

レッドカード…それ以降試合に参加できないよう、プレーヤーを退場させるためにレフリーが提示するカード。

レフリー…試合が競技規則に従い、適正にプレーされているかを判断するマッチオフィシャル。

ロス・プーマス…ラグビーユニオンに所属するアルゼンチン代表チーム。

ワールドラグビー…ラグビーユニオンの国際統括団体。

索引

あ
アイルランド　25, 40, 45, 53, 58
アグスティン・クレービー　19
アメリカ合衆国　40, 55, 59
アルゼンチン　19, 40, 43, 50
アンナ・リチャーズ　37, 56
イエローカード　7
イタリア　40, 45, 47
イングランド　20, 26, 27, 36, 39, 40, 42, 43, 44, 51, 55, 56, 58, 59
ヴァシル・ロブジャニゼ　43
ウィリアム・ウェブ・エリス　8
ウィルチェアーラグビー　12-13
ウィング　18, 25, 26, 27, 49
ウェールズ　24, 39, 40, 44, 46, 57, 58
ウェブ・エリス・カップ　8, 54
ウルグアイ　40, 43
エリッサ・アラリー　59
オーウェン・ファレル　51
オーストラリア　9, 21, 27, 38, 39, 40, 50, 55, 56, 59
オフサイド　5
オリンピック競技　13

か
カーン・ヘスケス　56
カナダ　40, 57
キアラン・リード　21
キッキング　23, 24, 25
　コンバージョン　5, 6, 7, 10, 23, 43
　ペナルティキック　34-35
キャサリン・マーチャント　27
キャッチ　30-31
　キャッチの基本　30
　転がるボールをキャッチする　30
　ハイボールをキャッチする　31
ギャビン・ヘイスティングス　59
キャプテン　21, 37, 47, 51, 52
グラント・フォックス　42, 43
クリス・パターソン　58
クロスバー　4, 6
ゲームの目的　4
交替　7
ゴールライン　4
ゴンザロ・ケサダ　43
コンバージョン　5, 6, 7, 10, 23, 43

さ
最年少ワールドカッププレーヤー　43
最年長ワールドカッププレーヤー　43
サイモン・カルハイン　42
様々な局面　32-33
サモア　40
ジェイコブ・ストックデール　25
シックス・ネーションズ　20, 24, 25, 44-45, 58
　グランドスラム　22, 44, 45, 53
　女子シックス・ネーションズ　58
　得点ランキング　58
シヤ・コリシ　52
ジョージア　40, 43
女性プレーヤー　17, 27, 37, 42-43, 55, 56, 57, 59
ジョナ・ロムー　26, 43
ジョナサン・サーストン　59
ジョナサン・デーヴィス　46
ジョニー・ウィルキンソン　27, 42, 56, 58, 59
スクラム　7, 19, 20, 21, 32
スクラムハーフ　18, 22, 32, 53
スコットランド　23, 40, 45, 47

スタンドオフ（フライハーフ）　18, 23, 27, 48, 50, 51
スチュアート・ホッグ　47
スティーブン・ジョーンズ　58
スノーラグビー　12-13
スパイク　17
スペイン　43
セバスチャン・シャバル　36
セブンズ　13
セルジオ・パリセ　47
前後半と休憩　6, 10
センター　18, 24, 46, 53
ソナタネ・タクルア　53

た
タグラグビー　14
タックル　10, 11, 17, 19, 20, 21, 24, 43
タッチラインを越える　5, 19, 33
タッチラグビー　15
タップキック　7, 34
ダミアン・デアリエンディ　24
ディエゴ・オルマエチア　43
デービッド・ポーコック　50
テディ・トマ　49
伝説の代表チーム　54-55
伝説のプレーヤーたち　26-27, 36-37
得点　6, 7, 10, 42
トライ　4, 5, 7, 10, 11, 43
ドロップゴール　6, 7, 43, 56
トンガ　40

な
ナミビア　40
ナンバーエイト　18, 21, 36, 47
ニール・ジェンキンス　58

索引

ニコラス・サンチェス　50
西サモア　57
日本　40-41, 42, 43, 49, 56
ニュージーランド　9, 21, 26, 37, 38, 39, 40, 42, 43, 48, 54, 55, 57, 59
年少のプレーヤー　15
ノックオン　5
ノンコンタクト・ラグビー　60
ノンタックル・ラグビー　61

は
ハイボール　24, 31
パシフィック・ネーションズカップ　19, 53
走るときのボールの持ち方　31
　　ツーハンド・キャリー　31
　　ワンハンド・キャリー　31
パス　17, 28-29
　　スピンパス　29
　　パスの基本　29
バックス　18
パラリンピック競技　12
反則　5, 7, 17
バンディー・アキ　53
ビーチラグビー　12
ピッチ　4
フィジー　19, 40
フィン・ラッセル　23
フォワード　18, 32, 33
福岡堅樹　49
フッカー　5, 18, 19, 33, 35
ブライアン・ハバナ　43
フランカー　18, 21, 37, 52
フランス　22, 36, 40, 44, 49, 54, 57, 58, 59
フランソワ・ピナール　37
フリーキック　61

ブリティッシュ・アンド・アイリッシュ・ライオンズ　20, 24
フルバック　18, 24, 47
プロップ　18, 19
フロントロー　61
ヘッドギア　17
ペナルティ　5, 7, 43
ペナルティキック　6, 7, 23, 34-35
　　ゴールキック　7, 35
　　タッチキック　7, 35
　　タップキック　7, 34
ポーシャ・ウッドマン　42, 59
ボーデン・バレット　48
ホームネーションズによる大会　45
ボール　5
　　大きさと重さ　17
　　ボール力学　29
北部・ラグビー・フットボール・ユニオン　8, 9
保護衣および用具　17

ま
マーク・エリス　43
マイケル・オコナー　59
マイケル・フーパー　21
マイケル・ライナー　59
マガリー・ハーヴィー　57, 59
マナサ・サウロ　19
マリア・リベラ　43
マロ・イトジェ　20
ミック・クローニン　59
南アフリカ　24, 37, 39, 40, 43, 52, 54, 56, 57, 59
ミニラグビー　15, 17
モール　19, 20, 21, 33
モルガン・パラ　22

や
ヤニー・デビア　43
ヤニック・ジョジオン　57
用具　17
横浜国際総合競技場　41

ら
ラインアウト　5, 19, 20, 33
ラグビー・フットボール・ユニオン　8
ラグビー・フットボール・リーグ　9
ラグビーの歴史　8-9
ラグビーユニオン　8, 10-11, 17, 59
ラグビーリーグ　9, 10-11, 17, 59
ラック　11, 19, 20, 21, 33
リー・ハーフペニー　24
リーダーシップ　23, 25
ルール　10-11
歴史に残る名勝負　56-57
レッドカード　7
レフリー　16
ローナン・オガーラ　58
ロシア　40
ロック　18, 20, 36
ロテ・トゥキリ　56

わ
ワールドカップ　9, 19, 21, 23, 24, 26, 27, 36, 37, 38-43, 46-57, 59
　女子ワールドカップ　27, 37, 42-43, 55, 56, 57, 59
　得点ランキングベスト3　59
　ワールドカップ2019　9, 40-41, 46
ワールドラグビー　9

謝辞

The publisher would like to thank the following people for their assistance: Sally Beets, Katie Lawrence, Abi Luscombe, and Seeta Parmar for editorial assistance; Romi Chakraborty for design management.

The publisher would like to thank the following for their kind permission to reproduce their photographs:

(Key: a-above; b-below/bottom; c-centre; f-far; l-left; r-right; t-top)

1 123RF.com: Wavebreak Media Ltd (c/Ball, c/Stadium). **2 Getty Images:** David Rogers (bc); Tony Marshall / Stringer (br). **4-5 Alamy Stock Photo:** robertharding / Godong. **5 Dreamstime.com:** Magdalena Żurawska (cla). **6-7 Getty Images:** Warren Little. **7 Alamy Stock Photo:** Paul Cunningham (tr); John Fryer (cl); Oscar Max (crb). **8 Alamy Stock Photo:** Granger Historical Picture Archive (cra). **Getty Images:** Popperfoto / Contributor (bc). **9 Getty Images:** Shaun Botterill (cra). **10-11 Alamy Stock Photo:** Paul Cunningham (c). **11 Getty Images:** Mark Kolbe (r). **12-13 Getty Images:** Zak Kaczmarek / Stringer (t). **12 Alamy Stock Photo:** Zefrog (bl). **13 Alamy Stock Photo:** Jonathan Larsen / Diadem Images (bl). **Getty Images:** Chet Strange / AFP (br). **14 Alamy Stock Photo:** RichSTOCK. **15 Alamy Stock Photo:** Kevin Britland (clb). **Rex by Shutterstock:** Juice (cra). **16 Rex by Shutterstock:** Tom Dwyer / Seconds Left. **19 Alamy Stock Photo:** Action Plus Sports Images (bl); Massimiliano Carnabuci (cra). **20 Getty Images:** Tony Marshall / Stringer. **21 Getty Images:** David Rogers (cla); Martin Hunter / Stringer (br). **22 Getty Images:** Alex Livesey. **23 Getty Images:** Stu Forster. **24 Getty Images:** Mike Hewitt (cla); David Rogers (br). **25 Getty Images:** Mark Kolbe. **26 Getty Images:** Simon Bruty / Allsport. **27 Rex by Shutterstock:** (cla); Michael Paler (br). **28 Getty Images:** Christian Liewig - Corbis / Contributor. **30 Getty Images:** Bradley Kanaris (cla). **31 Alamy Stock Photo:** Stephen Bisgrove (tr). **32 Alamy Stock Photo:** Elsie Kibue / EK13 Photos (cla). **33 Getty Images:** Adrian Dennis / AFP (cr). **34 Alamy Stock Photo:** Elsie Kibue / EK13 Photos (cla). **Getty Images:** Mike Brett / Popperfoto / Contributor (bc). **35 Getty Images:** Mitchell Gunn / Contributor (crb). **36 Getty Images:** Jean Paul Thomas / Thomas Pictures / Icon Sport. **37 Getty Images:** Dave Rogers / Allsport (cla); Michael Bradley (br). **38-39 Getty Images:** Eddy Lemaistre / Corbis. **40-41 Getty Images:** David Rogers. **43 Getty Images:** Christophe Simon / AFP (cra); Ken Ishii (crb). **44-45 Alamy Stock Photo:** Paul Cunningham. **46 Getty Images:** Ian MacNicol / Stringer. **47 Getty Images:** Gareth Copley (br); Richard Heathcote (cla). **48 Getty Images:** McCarthy / Sportsfile. **49 Getty Images:** David Rogers (clb); The Asahi Shimbun (cra). **50 Getty Images:** Stu Forster (br); Matt King / Stringer (cla). **51 Getty Images:** David Rogers. **52 Getty Images:** Chris Hyde / Stringer. **53 Getty Images:** Scott Barbour (bl); Phil Walter (cra). **54 Alamy Stock Photo:** Action Plus Sports Images. **55 Alamy Stock Photo:** f8 archive (cr). **Getty Images:** David Rogers (b). **56 Getty Images:** David Rogers (cr). **57 Getty Images:** Christian Liewig - Corbis / Contributor (cra, cl). **64 Alamy Stock Photo:** Action Plus Sports Images (b)

Cover images: *Front and Back:* **Dreamstime.com:** Kirsty Pargeter / Kj; *Front:* **123RF.com:** Wavebreak Media Ltd c/ (Ball), c/ (Stadium); **Alamy Stock Photo:** PCN Photography crb; **Dreamstime.com:** Wavebreakmedia Ltd fcrb; **Getty Images:** John Gichigi / Staff clb; **iStockphoto.com:** peepo / E+ fclb; *Back:* **Dreamstime.com:** Jorge Salcedo / Jorgeantonio (Background); **iStockphoto.com:** peepo / E+ (Players); *Spine:* **iStockphoto.com:** peepo / E+ t

All other images © Dorling Kindersley
For further information see: www.dkimages.com

New Zealand celebrating their 2015 World Cup win